MARGINALIA

MARGINALIA

JOSÉ CARLOS MORALES ALONZO

Valparaíso
EDICIONES

Número 541 de la Colección VALPARAÍSO DE POESÍA
dirigida por FEDERICO DÍAZ-GRANADOS

Diseño de colección y portada: Chari Nogales

Primera edición: octubre de 2025

© De los poemas: José Carlos Morales Alonzo
© Diseño de portada: Christian Daniel Ramos

© Valparaíso Ediciones
C/ Fray Leopoldo, 7 bajo, 18014 Granada
www.valparaisoediciones.es

ISBN: 979-13-87538-97-2
Depósito Legal: GR 1392-2025

Impreso en España - *Printed in Spain*
Gráficas Gami

Cualquier forma de reproducción, distribución, comunicación pública o transformación de esta obra solo puede ser realizada con la autorización de sus titulares, salvo excepción prevista por la ley. Diríjase a CEDRO (Centro Español de Derechos Reprográficos) si necesita fotocopiar o escanear algún fragmento de esta obra (www.conlicencia.com; 917021970 / 932720445)

El papel utilizado para la impresión de este libro está calificado como papel ecológico y procede de bosques gestionados de manera sostenible

MARGINALIA

Para mi madre, quien me enseñó que la melancolía
no es un defecto.
A Julieta, por ser mentora y más que nada, amiga.

I
EROSIÓN SINTÁCTICA

*"El concepto de texto definitivo no corresponde
sino a la religión o al cansancio"*
JORGE LUIS BORGES, *LAS VERSIONES HOMÉRICAS*

SOBRE EL ACTO PROCREADOR
DE ESCRIBIR

Se dice que, para escribir, hay que vivir antes, pero
¿Por qué no puedo escribir de mi existencia?
La existencia de mi mala sinapsis
porque los milagros me aburren,
el sol me quema y la luna me hace orinar de nervios.

Diría como Pablo Neruda, cuando quería escribir
    "los versos más tristes esta noche",
¿para qué limitarnos a una?
Si cada una es más genérica que la anterior.
En mí, no hay más dicha ni tristeza,
solo mundana existencia.

Quisiera.
Quisiera escribirte que sin ti "no soy nada", pero eso
    es lo que soy
por más que intentes abrazarme.
Quisiera hablarte en una lengua sin tiempos verbales
y de sujetos implícitos para que no existamos
    en nuestras cosmovisiones.
Escuchar "tu risa loca" mientras te cuento un chiste
sobre minorías
o cuando veamos en la televisión que un nuevo
    derrame de petróleo
ocurrió en el Golfo de México.

Y esto no ha pasado porque no me declaro ante ti.
Te daría flores, no como un acto de amor, sino como

una declaración de guerra
donde viviremos en trincheras eternas
hasta que me atreva a hablarte.
O también,
desearte lo peor del mundo con una mirada de ojos
    cerrados.
Pero si ganamos, imagínate lo que no haríamos:
Burlarnos de los creyentes,
rezar en voz alta en las sinagogas, tal y como Jesús nos
prohibió.
Mal pronunciar el nombre de un profeta en una mezquita.
Para que nos flagelen, como nos gusta.
Para que nos quemen, como nos gusta.
Para que me ames, como me gusta.

Para que veas, que necesito una orden de restricción.

ABERRACIÓN LEXICAL

Escribo acerca de que no puedo escribir,
porque no puedo escribir y por eso escribo.
Un silogismo eterno disfrazado de recomendación.
¿Hasta cuándo será efectivo?
¿Qué me falta por vivir, por desquitarme o por sentir
celos?

No quiero sentir nada para dejar de escribir, de conjugar
    ese verbo:
(Yo) escribí.
    (Yo) habré escrito.
        (Yo) escribo.

He desquitado indicativo tras indicativo,
sin despertar esa sintaxis que cada día me tienta.

Quiero vivir en pretérito imperfecto
donde no hay dolor.

(Yo) escribía.

Es tan difícil escribir "bien" que aquí entierro
    la literatura sin epitafio.

INTRANSITIVIDAD

Esbozo verbos, anhelando que sean transitivos
en este que es mi cuerpo.
Redacto de lo cuasi-empírico,
pero nunca de incertidumbre
esa que me hace estómagos en las mariposas
cuando pienso en usted.

En el candor de su pragmática.

ANÁFORA DESTEÑIDA

Un color incierto, de ambigüedad léxica.

Un color tímido, descompuesto en la ventana entreabierta durante el hastío de mayo, de esos mayos en los que escuchaban pájaros en celo.

Un color invidente, lamiéndose entre las úlceras oculares de mi perro.

Un color homérico, que nace en el mar o al elevar la mirada al cielo.
Una aberración cromática, que hace de su búsqueda, un sueño húmedo.

Un color preseminal, acromático que más de una vez me traicionó.

Un color divino, que se ilumina cuando busco a Dios pidiéndole clemencia:

—¿Por qué me haces sentir tanto, Padre Mío?

Odio ese **color**.

DOCUMENTO1

Espero no volver a soñarte, pese a que mi ocio lo obligue.
Y aunque escribo sobre ti, no es para ti.
En mis palabras has dejado de ser una dedicatoria.
Ahora mueres en mí, como una idea descartada.
Me olvido de quién eras.
No recuerdo tus apellidos.
Espero que pronto, tu nombre.

Espero no volver a es

¿Qué estaba escribiendo?

¿Para qué evado? Si todo es un recurso estilístico.

Entonces.
Cuando vuelvas en forma de pesadilla.
Te regresaré como sueño húmedo.

MATÁTESIS

Adoro la mutasion de las palabas
pq eso es la libetad
adoro caundo no pudes leeer mientas
intento copear a otos q saven como ser poetas
no escibo para ti
lo ago para qien me encente y drisfute mi mediocidad

soi un lardon le letas y por lo tonta
peudo acer lo q quiera
a veces, quiero escribir bien
pero stoy mas comodo asi

Hay poesía, que no debe ser poesía,
ni escrita,
siquiera imaginada.
Pero aún hay palabras,
versos que se gestan en una placenta.
Se llama fatiga.

II

PIEDAD HECHA VERSO LIBRE

PAX TIBI MARCE, MEUS EVANGELISTA
HIE REQUIESCET CORPUS TUUM

La paz sea contigo Marcos, mi evangelista.
Aquí tu cuerpo va a descansar.

Soy el todo y la nada,
lo que tiene hueso y tejido.

También,
puedo ser lo que no tiene
verbo ni sustantivo.

Soy lo impronunciable,
lo que te atormenta,
lo que juega a las escondidas con tu fe,
con tus rezos.

Soy tu Dios,
que te ama en lo secreto.

外は雨
(SOTO HA AME)

Absorbo en mis pulmones aquel petricor que exhala tu nombre.
Microorganismos juguetones
recuerdan la dicha de pasado tumultuoso y vacuo.

Elevo la mirada al cielo,
buscando alguna nube para refugiarme.

Pero todas se han alejado.

Me han engañado una vez más.

CANTERA

Y ahí está aquella cruz de piedra,
ignorada por generaciones.
Donde el sol es tímido y oculta su mirada de aquellos
que caminan
esos pasillos incesantes y desesperados.

Un domo pinta una obra anónima con las nubes, pero el
cielo ha sido olvidado.
Y es entonces cuando digo:
    Llora.
        Llora lo más que puedas.
No hay oración para aferrarse.

DOCUMENTO2

Y Dios dijo "hágase la luz" y todo siguió oscuro.
No tardé en saber que sólo soy un cliché ambulante,
un número de feria.
Ser sin gracia,
sin musicalidad.

Un hiperbóreo victimizado,
aferrado el pasado
y lo breve de lo que nunca valió la pena.

El punto y coma de los textos,
nadie sabe dónde ubicarme.
Aquel ensayo pútrido y forzado a leer.
Sin trasfondo.

Aquí no hay nada que aprender.

En mi existencia,
en mi lectura.
No hay aprendizaje.
Sólo destrucción.

REENVIADO MUCHAS VECES

Regreso a las altas horas de la nochebuena en búsqueda
de sosiego en la abrazadora soledad de diciembre.
Me hostigo al escuchar logros,
pero nunca de fracasos,
por lo tanto:
Brindemos,
Brindemos por nuestros fracasos, por nuestras lágrimas,
por las decepciones que residen en recuerdos epistolares.
Brindemos,
Por nosotros, los fracasados que hacemos respirar al
mundo intentado sobrevivir.
Brindemos,
Por aquellos que, al celebrar el nacimiento ambiguo de un
profeta, no nos gritan que vivimos en pecado.
Lloremos,
Por nuestros besos no vividos bajo un muérdago invisible
e intangible.
Por los que nos quedamos sin fuerzas e ímpetu.
Abracémonos,
A quienes vivimos en penumbra,
aunque el mundo se llene de luz momentánea y artificial.
Porque somos quienes hacen de la carne nuestra:
Verso, padre, hijo y espíritu santo. Amén.

EN ADOPCIÓN

Quiero que te humilles
ruegues, llores por mí
como yo lo hice contigo.
Que en lugar de ponerme en tus plegarias
yo sea la oración a la cual te arrastras.
Para que haga de tus humillaciones prosa
y de prosa carne
y de carne verso.
Que me veas a los ojos, que me ladres.
Mírame.
Ládrame, ládrame
desde el poste en el que estás amarrado, sentado
    en cuatro patas
esperando a que te diga "buen chico".
No aceptaré tus palabras porque te he condenado
    a una elipsis eterna.
Si en mi léxico no existe "perdón",
en el tuyo, tampoco.

NA BOCA DO SOL

Hoy quiero agradecerte,
por dejarme poetizar lo mundano.
Lo poco susurrado,
Lo intrínseco,
aquello que su parto se grita en silencio.

No puedo poetizar lo suficiente,
he mendigado tanta rutina,
que planteo hacer de mi plegaria
un verso.

Creo que me hace más falta creerte.
No suelo santificar tu nombre
sin embargo,
hoy me digno a pecar.

Gracias por la angustia.
Bendecido seas.

III

INSTRUCTIVOS

What I want back is what I was
Before the bed, before the knife,
Before the brooch-pin and the salve
Fixed me in this parenthesis;
Horses fluent in the wind,
A place, a time gone out of mind.
SYLVIA PLATH, "THE EYE-MOTE"

INSTRUCTIVO NÚMERO UNO: SOBRE LAS PEQUEÑECES DE LA INMUNDICIA

Cuando el sol irradia demasiado,
hay que ser oscuridad.
En el manto sagrado de la oscuridad,
hay que ser destello.
Y entre la creciente luminosidad,
vuélvase penumbra.

Casi luz, casi sombra.
Incatalogable, inclasificable.
Vuélvase el nuevo absoluto,
ser aquel eclipse que vive en los ojos,
en aquellas lágrimas que sólo yacen en las pequeñeces
del mundo.

Convóquelas con la ausencia de la insignificancia.

Llore.
Llore al bajar la mirada para ver un plato roto.
Un zapato desatado.

Frente a los pies de un pichón que cayó del nido.
Tómelo con las manos temblorosas de frío,
con las palmas, genere un falso calor a la criatura.
Derrame las lágrimas entre las alas para que simulen rocío.
Hasta que el animal deje de gorgorear.

Realice un alarido que perturbe a quienes caminan
alrededor suyo.

Maldiga la crueldad de la naturaleza misma.
Lleve sus manos a la cara de la vergüenza
y transmítase los parásitos que mataron al ave.

Repita la operación tres veces al mes.
Hasta que pueda pasar de largo aquel evento.
Cuando sea insignificante.

INSTRUCTIVO NÚMERO DOS: SOBRE LA ATROCIDAD DE LO RUTINARIO

Se le fomenta no despertarse con alarma programada.
Deje que el frío lo haga por usted.
Busque evadir los primeros rayos de sol, ahogándose
entre cobijas que aparentan abrigar.
Tiemble de frío.
Tiemble de miedo al saber que el canto de las tórtolas,
es más un recuerdo que una rutina.

Dormitado, sírvase café en la taza más tosca de la alacena.
Olvide endulzarlo, de lo cual, se arrepentirá,
pero no hará nada al respecto.
Se lo beberá quemando el esófago.

Al salir de casa,
perturbe aquellos milagros tímidos.
Pise la flor que nació entre el concreto.
Siga la caminata arrastrando los pies
y arruine las suelas de sus zapatos preferidos.

Fíltrese con un rostro de melancolía en la que se sería
la foto favorita de un desconocido.

Intimide a un perro que lo atosiga replicando un ladrido
aún más fuerte.
Siga ladrando hasta llegar al recinto donde cede casi
toda la vida.

Al llegar,
     prepárese otro café con dos gramos de azúcar.
     Para no arrancarle la cara a quienes trabajan
     alrededor suyo.

Con la finalidad de evitar posibles atentados en contra de
la integridad laboral:
en su computadora,
postergue sus tareas y juegue al solitario.
Imagine al rey de picas siguiéndole la mirada.
Talle sus ojos con fuerza para borrar aquella escena,
continúe su partida hasta que sea reportado.

Sálgase de su turno una hora antes de lo establecido,
justificando que alguien le espera, aunque sea mentira.
Llegue a su casa sin encender las luces.
Abra las cortinas y mendigue algo de luz lunar.

     No cene, beba o fume.
          Desplómese en su cama aún con el uniforme puesto.
               Derrame una lágrima si lo considera pertinente.

Duérmase con la esperanza de que
las tórtolas regresarán algún día.

     Solo así
          podrá despertar
               sin miedo.

INSTRUCTIVO NÚMERO TRES: SOBRE EL USO DEL ESPACIO

I

Suponga que alguien que anhela va a visitarle.
Es el término de las festividades
y la casa se quedó estancada en aquella temporalidad.

Retire las decoraciones sin cautela alguna.
Rompa dos esferas,
tres pastores del nacimiento heredado por generaciones.
Trate de reconstruirlos mientras se arrastra por el suelo.

Fracase en su intento,
espere mil quinientos años para que aquellos restos se
vuelvan objetos arqueológicos.

II

Debido a que se quedó en el suelo,
contemple el trazo de polvo que nace entre los muebles.
Comience a limpiar con obsesión,
hasta tener las manos resecas y las uñas opacas,
será la señal de que la tarea está terminada.

Vaya a la cocina,
siéntese en un lugar donde pueda apreciar su obra casi
terminada.
Reproduzca aquella canción que su madre le enseñó.

III

Abra todas las cortinas y ventanas
en la espera de aquel perfume que indique que él está
por llegar.
Mientras, usted busque la vajilla más bella del lugar
guardada entre cinco cajas.

Compre flores frescas de temporada.
Prepare la comida que compartieron alguna vez
aunque no sea su preferida.

Se manchará el vestido,
pero no se lo cambiará en señal de amor.
Acomode la mesa y servicios.

Pero *él*, no llega.

    Contemple el paso del tiempo en el reloj de la cocina.
    Mire a la ventana hasta que el sol se despida.

No llegó.

    En lugar de llorar,
        vuelva a calentar su porción de comida.
            Encienda la luz cálida del lugar y coma
            en presunto silencio.

    Pese a que no articuló palabras durante el día,
        diga en voz alta:

"La casa nunca había estado tan radiante después de
tantos años".

INSTRUCTIVO NÚMERO CUATRO: SOBRE EL REGRESO DE LA PENUMBRA ENTRE LA QUIETUD

Llegará el día en que la penumbra regrese a usted,
dada su esporádica naturaleza, llegará por misterios de
un rosario.

PRIMER MISTERIO

Llegará a sus ojos, como un masaje de navajas entre las córneas.
La vista, será sesgada,
Porque el campo que aprecia con tanta cautela, por más
verde que sea,
La nueva visión de canino, no le permitirá apreciar
el milagro de la vida,
por más que lo intente.

Aquella traición cromática,
que esperaba por regresar,
talla con brutalidad sus ojos.

SEGUNDO MISTERIO

Dicha traición procede a complementarse
con la inconformidad del cuerpo.
Rásquese hasta sangrar,
entrecorte la respiración.
Intente correr, pese a sus pies sean más pesados que el plomo.
Entre en pánico.

Con su mirada corrupta, suplique por una señal.
Retome las oraciones de su infancia en busca de respuestas.
Pero cada rezo es más distante de lo que necesita.
Vaya por lo clásico:
Rece un Padre Nuestro,
Repita la oración tres veces.

O hasta que recupere la visión del ser humano
Y vuelva a ver el verdor que tanto extrañó.

TERCER MISTERIO

Sabrá que la penumbra
terminó de hospedarse en su cuerpo,
 cuando comience a escribir.

"Acepte" dicho oficio sin titubear.
En medio de este de creatividad obligada,
se le solicita evocar los eventos siguientes:
Su primera caída en público.
Cuando se le quebró la voz al declamar un poema.
El primer celo de su perro que terminó en masacre.
Aquella persona de la cual se obsesionó y le dio sentido
a la poesía.
Porque eso, hizo que la destrucción del humano tuviera sentido.
Recuerde aquellos dioses que les imploró.
A los santos que volteó con la esperanza del milagro:
El de dejar de escribir sobre aquellos odios que nunca
migran,
de los lugares que no pudo abandonar,
de los recuerdos que sesgaron un presente lleno de dicha.

Cuando evoque estas memorias,
sentirá una apuñalada en el estómago.
Una hemorragia interna, inexistente, ausente.
Con aquel sangrado invisible,
Sabrá que la penumbra jamás se irá.
Y que no es nadie sin ella.
Sólo le quedará decir:

"Bienvenida seas, Penumbra, te extrañe".

CUARTO Y ÚLTIMO MISTERIO

El dolor está yendo más allá de lo que la lengua escrita
puede ofrecerle.
Sin embargo, se le ruega nunca dejar de escribir.
Las letras no son capaces de detallar cómo se cae a pedazos.

No lo abandone.
En cambio,
siga escribiendo hasta alcanzar un mínimo
de lo que quisiera anunciarle al mundo.

Capitalice dichas letras,
Comparta la Mala Nueva:
Versos recapitulados en instructivos para regresar a la
penumbra.
Disfrazados bajo un velo de literatura.

Inicie un primer manual llamado:
"Instructivo número uno: sobre las pequeñeces de la inmundicia".
Hasta que la poesía esté parcialmente completa.

Porque siempre faltarán cuartillas.

Hasta el fin de los tiempos.

Sigo viendo formas con los ojos cerrados.
La carne de los párpados es débil contra la bestia del
odio,
que soy capaz visualizar.
Entre la oscuridad biológica   .

IV

MARGINALIA

CIGARRITA

Incontables lustros han transcurrido en el bosque
Tantos incendios
Tantas talas y yo sigo aquí,
Enterrada en este sustrato que es mi vida.
Infinitos los equinoccios en los que todas despertamos
Inquietas, ruidosas, impacientes de fecundar la floresta.
Más yo, aquí me quedo.
Hacer de las ramas y troncos una orquesta de territorio
    y procreación
Como si el bosque barroco.
Más yo, aquí me quedo.
Silbando bajo tierra, en esta orquesta subterránea.
Sin público ni exigencia.
Mientras alguna que otra larva peregrina me visita.
Promete escucharme, pero su sueño es más fuerte
que mi silbido.
Soy más cigarra que ninfa.
Estoy sola.
Muy sola.
En este sustrato que, sol tras sol, se compacta.
Me compacta.
Más yo, aquí me quedo.

THE BIG SHAVE

Afeitarme ha sido un peligro para mí, desde que era un
    puberto,
no me dejaban hacerlo solo,
siempre estaba acompañado de ese señor al que me
    obligaban a decirle" papá".
A mi padre,
le aterraba imaginar aquel momento en el que yo
    decidiera pintar de rojo el baño
con esas delicadas hojas de afeitar de aquella navaja
    heredada de algún tatarabuelo
 al que nadie le importa recordar su nombre.
No sabes,
lo mucho que fantaseaba desvanecerme en el odio que
    se me acumulaba en aquel estrecho baño,
dejar fluir la sangre en mi cuello
corromper ese artilugio de masculinidad barata,
esa que da pena ajena.
Quiero sentir el odio,
la impotencia borbotar desde mis venas rotas,
mezclándose en el blanco espesor de la espuma.
Es tan glorioso el odio, pero tan injusto a mi cuello.
Cubro mi cara con una toalla apestosa mientras
    aprieto los ojos y ahogo un grito.
La pesadilla ha acabado,
no hay sangre en el lavabo.
He terminado de afeitarme.

MANIVELA

Nunca pensé que el amor fuera agua de mis ojos
con sangre de mis rodillas.
Me sofocas,
me cansas,
pero nunca te abandono.
Muchos dicen que te deje de lado,
que deje hacerte aún más gloriosa,
pero no me permito hacerlo.
Ambos tenemos heridas,
las mías se curan, las tuyas perduran en cada parte de ti.
Somos una misma máquina,
recorriendo aquellos senderos que muchas veces,
tuviste miedo de cruzar.

PATITAS INFINITAS

Entre las enaguas de mi cama encontré un calcetín sin par,
Sabiendo que tú lo robaste y lo escondiste quién sabe dónde.
Traté de adivinar dónde estaba,
escuchando el paso de tus patas en la duela,
lo que ahora es más que un recuerdo.
Susurro tus mimos cursis
que ningún humano merece
en la espera de que vengas corriendo a mis brazos,
a declarar tu inocente delito.
Siento la calidez de tu lomito en mi cuerpo
mientras tu cola de plumero hace bailar el polvo de la casa.

¿Por qué me ofreciste una dicha que no sabía que te
llevarías contigo?
¿Por qué te dedico un poema, si nunca supiste leer?
No importa,
porque nos amamos de sobra.

Al fin,
encontré mi calcetín.
Está en la casita,
en la que me haces tanta falta.

"GUAU"

Cómo me hubiera encantado que sobrevivieran
    a aquellos colmillos caninos
que los atacaron hace unos ayeres.
No les extraño del todo,
odiaba tus ladridos
y el rezo en voz alta del rosario
mientras escribía en la habitación contigua
"Cállate, pinche perro".
"Bájale a la tele, abuelita".
Es lo que grito solo.
Extraño el odio, atarazar los dientes de coraje.
Extraño la ira de la cotidianidad.
Por eso, ustedes se van conmigo.
En el salón de mi universidad hay un gran jarrón.
Será su urna, mi urna cuando me canse.
Desde ahí, les seguiré gritando
cuando el jarrón ladre o rece.
Mira.
Escúchalo.
Está ladrando.

"¿HABÉIS VISTO AL AMADO DE MI ALMA?"

Aquí quedaste.
La marca de tus labios en el vaso,
la saliva en los cubiertos,
el peso de tu cuerpo en la cama,
los cabellos que abandonaste en el lavabo
para que los adoptara.
Y seguir pecando en alma, cuerpo y pensamiento.
Las células muertas de tu cuerpo
tambaleantes,
como escarcha que baila con el polvo de esta casa,
la casa a la que le imploro
que es nuestra
por más solo que esté.
Mendigo las escamas de tu piel
para respirarlas.
Respirarte.
Porque nunca te fuiste,
te quedaste
aquí
en nuestra casa.

MARGINALIA

No quiero regresar a casa.
A retomar la atrocidad de lo cotidiano.
Por eso me recluté como aprendiz de poeta
en el bosque lexical.
Donde el dolor reside en el fruto parasitado por una avispa.
En todas las hojas se puede escribir.
Las raíces te hacen tropezar
para crear poesía corpórea.
Las esporas contaminan el cuerpo.
Toso, escupo, estornudo.
Con cada espora que me intoxica,
cada vez que astillo mi lengua contra cada árbol maestro.
Porque quiero de vuelta tus brazos de ocote,
que resistan el ardor de un poema mal hecho.
El olor a almendro que emanabas al sudar.
La fortaleza de tu cuerpo de roble.
No sé cuántos árboles y florestas habitaban en ti,
al menos,
déjame dormitarme en alguno de ellos,
y dedicarte una lobotomía por escrito.
Con la esperanza de volver a encontrar un árbol
    que se parezca a ti.

AGRADECIMIENTOS

A mis amistades: Belem, Dalila, Azul, Ana, Michelle, Luis Ángel, Jordan, Víctor y Carlos por haberme hecho sobrevivir los años universitarios convirtiéndose en una nueva familia que llegó y no sabía que necesitaba.

A Julieta, que, por cuatro años, vio el proceso de escritura de estos poemas y por ayudarme a crecer cuando más lo ocupé.

A Christian, quien llegó en una etapa tan inusual de mi vida y terminó siendo parte del proceso para hacer de los versos, imágenes.

De nueva cuenta, a mi madre, Eloísa y a mi padre, José Manuel, por creer en mí para hacer realidad este proyecto y superar el miedo que es ser un pequeño adulto que juega a ser escritor.

Y a ti, lector, por darme la oportunidad de poder derrumbarme entre letras impresas y conjugaciones verbales.

ÍNDICE

I EROSIÓN SINTÁCTICA

II PIEDAD HECHA VERSO LIBRE

III INTRUCTIVOS

IV MARGINALIA